D0721762

4

CUADERNOS DEL PRESENTE IMPERFECTO

Marta Elena Casaús Arzú

GENOCIDIO: ¿LA MÁXIMA EXPRESIÓN DEL RACISMO EN GUATEMALA?

F&G editores

Genocidio:
¿La máxima expresión del racismo en Guatemala?
Marta Elena Casaús Arzú

Cuadernos del presente imperfecto
4

© F&G Editores
Impreso en Guatemala

F&G Editores
31 avenida "C" 5-54 zona 7,
Colonia Centro América
Guatemala
Telefax: (502) 2433 2361
informacion@fygeditores.com
www.fygeditores.com

ISBN colección: 978-99922-61-62-0
ISBN cuaderno 4: 978-99922-61-74-3

Guatemala, febrero de 2008

CONTENIDO

ACERCA DE LA AUTORA

Marta Elena Casaús Arzú es Doctora en Ciencias Políticas y Sociología. Es profesora titular de Historia de América en la Universidad Autónoma de Madrid. Ha sido investigadora principal en múltiples proyectos relacionados con el desarrollo intelectual centroamericano. Entre sus publicaciones más recientes están: *Guatemala: linaje y racismo* (F&G Editores, 2007), *Informe sobre el diagnóstico del racismo en Guatemala: Investigación interdisciplinaria y participativa para una política integral para la eliminación del racismo* (Directora y coordinadora, Guatemala, Vicepresidencia de la República, 2006), *Las redes intelectuales centroamericanas: un siglo de imaginarios nacionales (1820-1920)* (Guatemala: F&G Editores, 2005), *La metamorfosis del racismo en Guatemala* (Guatemala: Cholsamaj, 2002), *Historia intelectual de Guatemala* (Guatemala: USAC-CEUR/UAM), Desarrollo y diversidad cultural en Guatemala (Guatemala: Cholsamaj, 2000).

Este trabajo fue elaborado gracias al proyecto de Investigación *Algunos conceptos vertebradores de la Modernidad en América Latina* (MEC y Fondos Feder. HUM, 2005/2006 06556-CO4-02/HIS). En su día fue presentado como una conferencia en la Casa de América en Madrid.

Actualmente participa en las siguienes investigaciones: "Ciencia y política frente a las poblaciones humanas. Europa y América, siglos XIX-XXI", 2006-2009; "Algunos conceptos vertebradores de la modernidad en América Latina" 2005-2008; "Palabras de la modernidad en la España contemporánea", 2005-2008.

INTRODUCCIÓN Y PUNTO DE PARTIDA DEL ENSAYO

La guerra que sufrió Guatemala durante 36 años causó, según el informe de la Comisión para el Esclarecimiento Histórico, más de 200 mil víctimas, de las cuales, sólo el 6% correspondió a población implicada directamente en el conflicto armado. A ello hay que sumarle que de todos los casos registrados, el 83% eran mayas y el 17% ladinos. Por primera vez en la historia del país, una comisión oficial confirma que el racismo constituyó un elemento fundamental para explicar la saña y discriminación con la que se llevaron a cabo los operativos militares contra las comunidades indígenas del Occidente. Por segunda vez en la historia, se confirma, según las normas del derecho internacional, que se cometieron actos de genocidio por parte del ejército que identificó a grupos del pueblo maya como el enemigo interno.[1]

---

1. Decimos segunda condena internacional de genocidio, porque la primera se produjo en 1973, en el Tribunal Permanente de los Pueblos, sesión Guatemala, declarando al gobierno del general Ríos Montt como genocida y etnocida. Véase, *Memoria del Silencio, Tzínil Na 'Tab 'Al. Conclusiones y Recomendaciones del informe de la Comisión Para el Esclare-*

Lo primero que nos preguntamos al respecto es ¿cómo pudo suceder?, ¿qué pudo provocarlo?

¿Por qué tanta crueldad y tanto horror?

¿Cómo es posible que se estén produciendo estos genocidios en el siglo XXI?

Ante ello creo que es bueno retomar a los teóricos del holocausto que nos recuerdan que los genocidios del siglo XX, están estrechamente vinculados con la modernidad. El holocausto judío y los genocidios de los últimos años no son aberraciones, sino "posibilidades ocultas de la sociedad moderna, forman parte del proceso civilizador".[2] Bauman, Cohn y Kuper, destacan que el crecimiento de la violencia militar y el uso ilimitado de la coacción son las características comunes de las grandes civilizaciones; si bien la civilización moderna no fue la condición suficiente, si fue la condición necesaria para que se produjera.

No es mi intención adentrarme por esta vía de razonamiento, pero sí quiero que pensemos que estos genocidios no son casuales, ni fruto de una aberración de unos pueblos salvajes. Forman parte de la burocracia moderna y de la cultura de la racionalidad y que en cualquier

cimiento Histórico, Guatemala, UNOPS, 1999 y el informe REMHI, Guatemala: Nunca Más, Guatemala: ODHAG, 1998. Así como las conferencias de Hellen Mack, "Ni perdón ni olvido", pronunciada en Madrid, Casa de América y Universidad Autónoma de Madrid, mayo 1999.

2. Zygmunt Bauman, Modernidad y holocausto, Toledo: Sequitur, 1989, p. 113. Norman Cohn, Warrants for Genocide, Londres: Eyre & Spottinswoode, 1967.

momento pueden volver a producirse, de ahí mi interés en abordarlo en esta ocasión.

Quiero partir de la base de un supuesto debatido y polémico en Guatemala y en el resto de América Latina, y es la relación entre racismo y genocidio.

Considero que, en aquellos estados pluriétnicos y pluriculturales, en donde existen minorías étnicas o mayorías minorizadas, como es el caso de Guatemala, y en donde el racismo ocupa un lugar primordial en la estructura social, en la ciencia y en la estructura de poder, estas prácticas, actitudes y manifestaciones contribuyen a la ejecución de actos de genocidio.

Parto de la definición de racismo elaborada en su día como:

La valoración generalizada y definitiva de unas diferencias, biológicas o culturales, reales o imaginarias, en provecho de un grupo y en detrimento del Otro, con el fin de justificar una agresión y un sistema de dominación. Estas actitudes pueden expresarse como conductas, imaginarios, prácticas racistas o ideologías que como tales se expanden a todo el campo social formando parte del imaginario colectivo. Pueden proceder de una clase social, de un grupo étnico o de un movimiento comunitario; o provenir directamente de las instituciones o del Estado, en cuyo caso hablaremos de racismo de Estado. Puede ocupar distintos espacios de la sociedad, dependiendo de que la relación de dominación tenga su origen en una clase, un grupo étnico, un movimiento comunitario o el Estado.

A modo de hipótesis podemos afirmar que la expansión o reducción de los espacios del racismo en Guatemala va a estar en función de la composición étnica de la sociedad, de los criterios de jerarquización social, del proyecto de construcción de la nación, de la vertebración del tejido social y de la naturaleza del Estado. Por ello se hace imprescindible conjugar todas estas variables en estudios específicos sobre regiones, grupos, instituciones que nos permitan abordar el tema en todas sus dimensiones.[3]

En este artículo quiero partir de la base de que el racismo en sus diversas expresiones, prácticas, manifestaciones y lógicas, es un factor histórico estructural que funciona y ha funcionado como uno de los principales mecanismos de opresión, explotación y sobre todo como la mejor justificación de un sistema de dominación y mantenimiento del *status quo*.

Consideramos básico analizar para el caso de Guatemala ese hilo conductor que es el racismo, analizar cómo va mutando, se va metamorfoseando según las diferentes etapas históricas. Los espacios en donde se recrea y se reproduce y según los diferentes actores que lo construyen y recrean desde las élites de poder, la iglesia, pasando por el Estado, hasta llegar a naturalizarse de tal manera que incluso las clases subalternas lo utilizan como elemento de recreación de su propia identidad.

Por ello vamos a centrarnos en esas prácticas segregacionistas de la Colonia. En la creación del prejuicio y del estereotipo del indio como forma de construcción del Otro, como

---

3. Marta Casaús Arzú, *La metamorfosis del racismo en Guatemala*, Guatemala: Cholsamaj, 2003, pp. 28-29; así como *Guatemala: linaje y racismo*, Guatemala: F&G Editores, 2007.

---

salvaje, idólatra e inculto y que funciona como mecanismo de reconstrucción de las identidades étnicas. Pero también nos interesa resaltar la construcción de ese discurso racialista, que apoyado en las teorías seudocientíficas del siglo XIX y del positivismo, va a justificar un sistema de dominación mundial: el colonialismo. En éste, el racismo discursivo va a proceder, no sólo de las élites de poder sino del Estado quien va a justificar prácticas genocidas o políticas eugenésicas que justifiquen el exterminio del otro o su blanqueamiento para la mejora de la raza.

En ese sentido, resulta indispensable utilizar la expresión de Foucault[4] de racismo de Estado, en la medida en que es el Estado, a partir del liberalismo, el que va a crear un modelo homogéneo, monocultural, monoétnico y excluyente, a partir de mediados del siglo XIX. El Estado juega un papel esencial en la reproducción del racismo y, por ello, nos parece más pertinente el enfoque histórico-político. Este autor en *Genealogía del racismo,* hace un repaso histórico de la configuración del Estado moderno a través de diversos filósofos y pensadores políticos del siglo XVIII y XIX. Concluye afirmando que por influencia de las teorías darwinistas en las ciencias sociales, se produce una estatalización de lo biológico y el Estado modifica el concepto de soberanía utilizado hasta el siglo XVIII.

El racismo se inserta como nuevo mecanismo de poder del Estado, como una tec-

---

4. Michel Foucault, *Genealogía del racismo*, Madrid: La Picota, 1992.

nología de poder con la prerrogativa y el derecho a decidir quién ha de vivir y quien no, ejerciendo el derecho a matar o eliminar al Otro en nombre de la soberanía. Partiendo de este desplazamiento del concepto de soberanía y de la incorporación del racismo como elemento intrínseco de la estructura de poder del Estado, afirma que los Estados más homicidas son a la vez los más racistas. Para Foucault, la importancia del racismo en el ejercicio del poder radica en que:

"El racismo representa la condición bajo la cual se puede ejercer el derecho a matar. Si el poder de normalización quiere ejercer el viejo poder soberano de matar, debe pasar por el racismo. Pero también un poder soberano, es decir, un poder que tiene derecho de vida y muerte, si quiere funcionar con los instrumentos, los mecanismos y la tecnología de la normalización, debe pasar por el racismo".[5]

Al hilo de esta interpretación puede entenderse la experiencia de los últimos genocidios de Ruanda, Bosnia, Irak, Guatemala, y explica, en parte por qué no ha desaparecido la polémica sobre las razas. Es más, ésta se ha agudizado, ya que el racismo no ha muerto, simplemente cambia de registro al de la guerra de las razas o racismo de Estado. El problema radica en la ontología misma del Estado –no importa la naturaleza del mismo, socialista o capitalista–. Es la base filosófica y política de la constitución del Estado moderno la que posee un fuerte componente bio-racial, lo que Foucault denomina, el *bio-poder*.

---

5. *Ibíd.*

Estos supuestos de partida nos permiten situar el racismo desde el Estado y analizarlo, no sólo como una ideología de la diferencia y de la desigualdad; no sólo como una forma de discriminación y opresión entre clases o grupos étnicos, sino como una lógica del exterminio y de exclusión, como una tecnología del poder. Es aquí en donde radican las bases histórico-políticas del genocidio, en la forma cómo se construyeron los estados homogéneos en América latina.

Es en el Estado y sus aparatos represivos en donde el genocidio opera como la máxima expresión del racismo, porque constituye un elemento intrínseco al mismo y forma parte de uno de sus ejes vertebradores utilizados y manipulados por las élites de poder que se consideran blancas.

Leo Kuper, en la línea de Foucault, opina que la responsabilidad del Estado y la posibilidad de la recurrencia del genocidio, radica en que las sociedades contemporáneas civilizadas son proclives a recurrir a los holocaustos genocidas porque: "El Estado territorial soberano reclama, como parte integrante de su soberanía el derecho a cometer genocidios o participar en matanzas genocidas que estén bajo su dominio".[6] Y si esto es así y pasa en Europa como lo hemos visto para el caso de Bosnia y Chechenia, ¿cómo no lo va a ser para países como Ruanda o Guatemala en donde el componente del racismo histórico estructural

---

6. Leo Kuper, *Genocide: It´s political Use in the twentieth Century*, Yale: Yale University Press, 1981, p. 137.

está latente y no hay mas que activarlo y ponerlo en marcha?

El problema es más complejo en la medida en que afecta al conjunto de la sociedad, porque al ser un elemento histórico estructural y al estar enraizado en la mente y en los corazones de todos los actores que componen la estructura social, opera en cualquier momento como un detonante en contra de la población maya, que siempre ha sido vista con recelo y temor. De modo que la construcción de tópicos, prejuicios y estereotipos contra "el indio", se convierten en armas mortales contra él para exterminarlo o volverlo a invisibilizar. De alguna manera los aparatos represivos del Estado y los aparatos ideológicos, van a operar con mecanismos sutiles, utilizando los discursos racialistas y las prácticas racistas cotidianas, para desencadenar, en la población no indígena odio, violencia, cuando no silencio y complicidad por parte de los ciudadanos.

Los estudios realizados sobre genocidio y holocausto en otros países, demuestran la enorme responsabilidad que tuvo no sólo el Estado fascista, sino la población civil en el holocausto y *adivierten de los enormes peligros que se corren de no desactivar esas prácticas racistas que conducen al genocidio.*[7] Estos enfoques de

_____

7. Este mismo fenómeno ocurrió en la Alemania nazi en donde la población civil tuvo buena parte de la responsabilidad del holocausto por su silencio, cuando no por su complicidad. Bauman considera que el holocausto no se puede tratar de explicar como una monstruosidad del pasado o como algo incomprensible ajeno a nuestra civilización, porque el sistema y la ideología que dieron origen a Auschwitz permanecen

otras realidades como la alemana, la de Ruanda o Yugoslavia, poseen la limitación de estar pensados y escritos para realidades diferentes a la nuestra, pero resulta necesario investigar para el caso de Guatemala aquellas variables sociológicas, políticas y psicológicas, y sobre todo el trasfondo histórico que ha dado origen a la pervivencia y naturalización del racismo y los actos de genocidio; si bien algunos elementos e instrumentos de análisis pueden sernos de gran valor y sugerirnos nuevas vetas de investigación, sobre un tema tan poco estudiado e investigado en Guatemala, como es, la génesis, ontología, lógicas y efectos del racismo y su vinculación con el genocidio.[8]

---

intactos. Ello significa que el propio Estado-nación está fuera de control y que, en cualquier momento puede producirse de nuevo y desencadenar hechos de esa naturaleza. La singularidad y normalidad del genocidio es lo que asegura su repetición. Zygmunt Bauman, *Modernidad y holocausto,* Toledo: Sequitur, 1989, p. 112.

8. El libro de CALDH, sobre el primer encuentro sobre racismo y genocidio en Guatemala, en el que participaron más de 700 personas para discutir las bases históricas del racismo y sus manifestaciones en actos de genocidio, nos parece un magnifico aporte a la reflexión y al análisis de un tema tan poco abordado como éste. CALDH, *Genocidio, la Máxima expresión del racismo*, Guatemala: CALDH, 2004.

LOS ESPACIOS DEL RACISMO
EN LA SOCIEDAD COLONIAL

Podríamos afirmar que el espacio del racismo durante la colonia abarca prácticamente todo el *ethos* de la sociedad colonial y de la vida cotidiana y representa un pilar importante en los principios que configuran la estructura social y la política de la Corona en Guatemala.

Consideramos que se entrecruzan dos lógicas del racismo: la segregación y la discriminación. Para Wieviorka, la segregación se inscribe en el espacio geográfico y político y delimita las fronteras de los diferentes grupos étnicos, haciendo que el principio de demarcación esté más vinculado a factores culturales, sociales y económicos que a diferencias raciales; de donde la segregación étnica o cultural supone una política de no integración. Mientras que la discriminación estaría más vinculada al rechazo biológico o cultural de un grupo étnico por otro cuando se trata de ocupar espacios comunes. A juicio de Wieviorka, esta discriminación puede ser institucional o étnico-racial y provenir del Estado o de los grupos étnicos, aunque estas dos lógicas no necesariamente operen conjuntamente y en algunos casos puedan ser excluyentes.

A nuestro juicio, en Guatemala son lógicas complementarias, se entrecruzan y yuxtaponen –según el período histórico y la coyuntura política–. Durante el período colonial se complementaron para sentar las bases económicas, políticas y sociales de la sociedad colonial.

La política de la Corona de segregación residencial y la división del territorio en Repúblicas de indios y Repúblicas de españoles marcó las fronteras y delimitó los espacios en los que los grupos sociales podían y debían moverse. Se definió mediante numerosas reales cédulas y ordenanzas en las que se establecían espacios para los criollos, los españoles y los indios. Esta segregación residencial provocó fuertes cambios en la estructura económica, social y política de los indígenas, que se vieron obligados a modificar sustancialmente su forma de vida y sus costumbres.

Esta política de no integración basada en principios de segregación tenía enormes desventajas: creó una sociedad dual y de castas; pero también algunas ventajas: permitir cierto grado de autonomía a las comunidades indígenas, y en su interior abrió espacios para la reconstitución de las identidades étnicas a partir del siglo XVII.

Las justificaciones de esta segregación residencial geográfica, estamental y territorial tuvieron un trasfondo racialista y diferencialista, que contribuyeron a configurar el estereotipo del indio como un ser: inferior, haragán, bárbaro y salvaje. Son innumerables los epítetos con que las élites criollas definían a los pueblos mayas, para justificar el mantenimiento de los servicios personales y la encomienda.

La construcción del prejuicio social y racial de la élite criolla data del siglo XVI, como una forma de justificar su dominación y explotación. Severo Martínez en su análisis del indio colonial afirma que lo tres prejuicios básicos del criollo para con el indio son: haragán, conformista y borracho. Estos mismos epítetos aparecen en la encuesta que realizamos al núcleo oligárquico (ver más adelante). Tal vez, el estereotipo de haragán sea uno de los más utilizados a lo largo de la historia. Según Memmi, el rasgo de la pereza es el que mejor legitima el privilegio de la clase dominante y es uno de los prejuicios más comunes en todo proceso colonizador.

Tal vez el hecho más negativo de todo prejuicio sea que, partiendo de algunas características inherentes a la personalidad de un grupo, las eleva a términos absolutos y las generaliza para toda la población. Así, el "indio" es haragán por naturaleza y la suya es una raza indolente. Con esta afirmación, la élite criolla no se refiere a un "indio" solamente o ciertos grupos de "indios", sino a todos y cada uno de los "indios".

El prejuicio del "indio", que es además un prejuicio étnico y de clase, está directamente relacionado con la posición de clase de la oligarquía y con la explotación y opresión que ejerce sobre él. Este estereotipo del "indio" tiene hondas raíces históricas, se genera en la Colonia y pervive en la actualidad, como podemos observarlo en nuestra encuesta o en las declaraciones de connotados intelectuales orgánicos de la élite con motivo del Convenio

169 o del Acuerdo sobre la Identidad y Derechos de los Pueblos Indígenas. El prejuicio étnico y la identidad son factores que se encuentran estrechamente relacionados. Muchas veces actúa como defensa contra la difusión de la identidad, otras como proyección para afianzar un débil sentido de la identidad del otro grupo. En el caso del núcleo oligárquico, consideramos que el prejuicio obedece más bien a la identidad difusa de este grupo. La construcción del imaginario racista de la élite criolla colonial será uno de los mecanismos fundamentales para valorar negativamente una diferencia y convertirla en desigualdad y en opresión, de ahí la metamorfosis del racismo, que opera con lógicas complementarias en función de sus necesidades.

La discriminación socio-racial será durante el período colonial el principal instrumento de ordenación jerárquica de la sociedad. La pigmentocracia, la pureza de sangre, los certificados de limpieza de sangre, el mayorazgo y las políticas matrimoniales endogámicas fueron los principales mecanismos de concentración de la riqueza y de configuración de la estructura social colonial.

No obstante, la lógica de la discriminación racial fue acompañada de la discriminación socio-cultural, que enfatizaba las diferencias culturales para justificar las desigualdades sociales, la opresión y el sistema de dominación:

- El desconocimiento y la negación de la cosmovisión y de las culturas indígenas. Criollos y peninsulares, cronistas y órdenes religiosas insisten en negar las culturas de los *Pueblos Indios* y en considerarlos salvajes e incultos.

- El reconocimiento de que es un pueblo salvaje, bárbaro e idólatra. Esta argumentación la encontramos en innumerables juicios de residencia de encomenderos, en oidores y visitadores, en testimonios de curas doctrineros, en general en todos aquellos documentos coloniales que pretenden menospreciar al indígena, despreciar y erradicar su religión y someterle ideológicamente, imponiéndole una nueva cultura y religión.

La lógica de la discriminación socio-racial y cultural la dirigen las instituciones coloniales –la Corona, la Iglesia, la Audiencia y el Cabildo– y su objetivo principal es tratar de desidentificar a los pueblos indígenas de sus referentes principales –religión, idioma, cosmogonía y costumbres– mediante la destrucción gradual y sistemática de su pasado y de la implantación de los valores cristianos occidentales. Así pues, la lengua y la religión se convertirán en los principales instrumentos de penetración y de aculturación colonial y la introducción y dispersión del racismo tendrán un sesgo más culturalista que biologista, aunque la pigmentocracia funcionará en las relaciones, en el roce interétnico y en la configuración de la pirámide social.

EL ESPACIO DEL RACISMO
EN LA CONSTRUCCIÓN
DEL ESTADO-NACIÓN
(SIGLOS XIX Y XX)

A partir de la Independencia, con la llegada de los regímenes liberales, el espacio del racismo no se redujo, como era de esperar por el cambio de dominación, el ingreso a la modernidad y por la influencia del pensamiento ilustrado.

Con la irrupción de nuevos actores sociales, el cambio de dominación y sobre todo con la modificación sustancial del agro guatemalteco y las reformas liberales, el racismo sufre una nueva metamorfosis. El ejercicio del racismo provendrá directamente del Estado y se expresará en las constituciones, ordenanzas laborales, en la reestructuración político-administrativa, en el imaginario de las élites, etc.

En este proceso de recreación y adaptación de la patria y la nación se proyecta la imagen del indio y el espacio que éste debe ocupar en la nueva organización política y social. El indio pasa a constituir uno de los universos simbólicos claves, cuyo estereotipo se redefine de acuerdo con las características del Estado liberal. A nuestro juicio, la inclusión o exclusión del "indio" en la nueva imagen de nación y el papel que debe jugar como ciudadano, súbdito o bárbaro con estatuto restringido, continuará siendo una de las preocupaciones constantes de las élites criollas, como lo había sido durante toda la época colonial. Este imaginario del "indio" se verá reflejado en el modelo de nación cívica, nación civilizada y —en menor medida— en la nación homogénea a lo largo del siglo XIX. Son innumerables los textos y documentos de la época que lo evidencian, así como las opiniones de los intelectuales orgánicos de las élites criollas.

En varios artículos de *La Gaceta de Guatemala* se discute acaloradamente sobre lo inconveniente que sería darles el mismo status a los indígenas que a los ladinos, ya que *esta casta infeliz, nada puede por sí y todo lo espera de la parte más aventajada de la población.*

En 1879, Justo Rufino Barrios emite el Decreto 241, por el que se funda un colegio destinado a la civilización de los indígenas. Las razones aducidas para ello son: "Que los aborígenes... se encuentran en un estado de atrazo y abyección, que les incapacita para participar en los beneficios de todo jénero que proporciona la civilización... Que los indígenas de Jocotenango poseen terrenos cuyo valor es oportuno se destine a la mejora de la raza".

La imagen reiterativa, de un "indio" *con aspecto degradante y embrutecido... que permanece en la más crasa ignorancia* y su repetición mecánica, operó tanto para excluir al indígena de la naciente nación como al mismo tiempo para culparle de la falta de progreso y engrandecimiento de la misma. Bajo la óptica decimonónica la involución del indígena es histórica y progresiva, así ha ido de *degradación en degradación, de descenso en descenso, bajando hasta el último peldaño, llegó a ser un conjunto etnográfico formado por parias.*

El racismo va a ser un elemento clave en el nuevo Estado liberal oligárquico, en donde el indígena –que durante la Colonia estaba reconocido jurídicamente como un grupo socioracial y gozaba de cierta autonomía para garantizar la buena marcha del Estado corporativo– pierde todos sus derechos y pasa a ser invisibilizado. A nuestro juicio, la metamorfosis del racismo, a partir del siglo XIX, está vinculada a las nuevas formas de dominación capitalista, en las que el racismo opera de forma más virulenta y enérgica, pero a su vez, más sutil y difusa. Estas variables refuerzan el imaginario racista de la élite, el espacio del racismo se difumina y dispersa por toda la sociedad y las formas de dominación tradicional se consolidan gracias al sistema de patronaje clientelar que las élites criollas reproducen, recrean y refuerzan desde el Estado.

Coincidimos con González Ponciano: la conversión de la blancura en autoritarismo político fue la ruta que los liberales guatemaltecos adoptaron, incluso con criterios de inmigración selectiva de alemanes, anglosajones y nórdicos para mantener el estado excluyente.[9]

---

9. Ramón González Ponciano, "La visible invisibilidad de la blancura y el ladino como no blanco en Guatemala"; en Darío Euraque, Jefrey Gould y Charles Hale, *Memorias del Mestizaje, cultura política en Centroamérica*, Guatemala: CIRMA, 2004.

EL RACISMO DE ESTADO
Y EL REFORZAMIENTO
DE LA DOMINACIÓN
MILITAR OLIGÁRQUICA

Con la consolidación del Estado autoritario y el reforzamiento de la dominación militar oligárquica a partir de 1963, pero sobre todo de finales de la década de 1970 a mediados de la de 1980, podemos decir que el racismo de Estado alcanzó su máxima expresión porque la oligarquía no fue capaz de legitimar su dominio a través de un Estado de derecho y recurrió al ejército, al fraude electoral y a la militarización del Estado para mantenerse en el poder.

A nuestro juicio, la culminación del racismo de Estado coincidió con la crisis de dominación militar oligárquica y con la irrupción del movimiento popular y revolucionario. De 1978 a 1984 se produjo una crisis orgánica, un vacío de poder y una pugna inter-oligárquica por la hegemonía, acompañado todo ello por la incorporación masiva de los *pueblos mayas* a distintas formas de lucha política y de reivindicación social. A lo que se sumó una fuerte crisis económica por agotamiento del modelo agro-exportador, que dio lugar a reacciones agresivas y virulentas de la élite, que se reflejaron en las respuestas de la encuesta que pasamos en 1979.

Consideramos que fue entonces cuando el racismo operó como ideología de Estado, porque proporcionó una estrategia política para la acción. Fue durante este período cuando la élite de poder proyectó una estrategia de represión selectiva e indiscriminada, empleó la tortura, la guerra psicológica y todo tipo de métodos represivos contra la población civil y especialmente contra la población indígena que provocó un auténtico etnocidio, especialmente durante la época de Ríos Montt. Ello explica el porqué de la alianza militar-oligárquica con la tendencia neo-pentecostal basada en la doctrina calvinista del más rancio puritanismo, que justifica el exterminio de los "indios" porque no son sujetos de gracia, porque son idólatras, pecadores y representan las fuerzas del mal. A juicio de Cantón, a finales del siglo XX el etnocidio ya no se plantea desde el discurso político oficial, sino desde un influyente neo-pentecostalismo estrechamente vinculado a los círculos del poder, cuya cabeza visible es el Presidente de la República. En el excelente trabajo realizado por esta autora y por los testimonios recogidos en su trabajo de campo sobre los neopentecostales: *La prosperidad de Guatemala pasa por la aniquilación de la tradición maya o por la exclusión de los mayas de esa prosperidad, lo cual es legítimo ya que son los indígenas inconversos los responsables de que Guatemala no haya levantado nunca la cabeza.*[10]

10. Manuela Cantón, *Bautizados en Fuego: protestantes, discurso de conversión política en Guatemala (1989-1993)*, Guatemala: CIRMA, 1998.

Resulta interesante analizar el fortaleci-
miento del racismo con la ideología neo-pentecostal y podríamos preguntarnos por qué se
produce una alianza militar-oligárquico-neo-
pentecostal durante dos mandatos presidenciales con el sector católico más tradicional de
la élite, como sucedió durante los gobiernos
de Ríos Montt y de Serrano Elías. A nuestro
juicio, esto se explica porque el concepto de
Estado coercitivo, represivo y discriminador es
el mismo; porque el imaginario de la nación
civilizada, *integrada* o *conversa* es similar y
porque el imaginario racista etnocéntrico y
excluyente de los militares, de la élite y de los
neo-pentecostales, que formaron dichos gobiernos, mantiene enormes coincidencias en el
discurso y en la aplicación de prácticas racialistas.

En este período los espacios del racismo se
amplían, se profundizan y se planifican desde
el Estado, que elabora una estrategia basada
en la violencia racista contra el indígena. Podríamos afirmar que durante este período el
racismo racialista llega a su culminación, como
ideología y como tecnología de poder. Con
características diferentes a las coloniales, vuelve a operar la lógica de la segregación y de la
discriminación racial con la creación de: aldeas
estratégicas, patrullas de autodefensa civil,
programas contrainsurgentes de tierra arrasada
y masacres colectivas contra la población civil.

Sin embargo, el genocidio como máxima
expresión del racismo no logró legitimar el
sistema de dominación oligárquico-militar, ni
consiguió realinear los factores del poder y la
crisis de dominación se vio agudizada por un

profundo cuestionamiento de la identidad de las élites de poder blanco-ladinas, que se plasmó en una incapacidad de plantear un proyecto de Estado-nación plural en lo cultural, incluyente en lo económico y democrático. Esta crisis de legitimidad y de incapacidad de retornar al *status quo* anterior, forzó a una salida negociada entre la guerrilla y el ejército y a la firma de los Acuerdo de Paz en 1996, abriendo una nueva vía para la resolución de los conflictos y planteando nuevas formas de diálogo y negociación entre los grupos enfrentados y nuevas exigencias por parte de los mayas hacia un estado mono étnico y mono cultural.

Queremos detenernos en tres momentos de la historia del siglo XX, para intentar explicar las bases de donde parte el racismo y cómo y por qué pudo provocarse el genocidio entre 1981 y 1983 y por último hacer una reflexión final acerca de la posibilidad de que vuelva a ocurrir:

1. La sombra del indio como ser agónico y en decadencia (1931-1944).
2. El imaginario racista de la élite de poder en Guatemala: interpretación de los datos de una encuesta (1979-80).
3. El indio como amenaza pública: El racismo como tecnología del exterminio (1980-1996).

1.
DE LA CIUDADANÍA INCLUYENTE A LA SOMBRA DEL INDIO COMO SER AGÓNICO Y EN DECADENCIA (1920-1944)

*CONTEXTO HISTÓRICO
DE EMERGENCIA DEL DEBATE*

Uno de los aspectos más novedosos de estas dos décadas, fue la construcción del imaginario racista en Guatemala, y cómo el pensamiento social de las redes intelectuales de 1910 y 1920, fueron creando diversos imaginarios de nación y de percepción de su identidad y de la identidad del Otro.

Los intelectuales de las generaciones de 1910 y de 1920 hablaban de dos modelos contrapuestos. Los partidarios del *nacionalismo espiritualista o vitalista,* encabezados por la figura de Alberto Masferrer y otros autores de la Generación de 1910, como Fernando Juárez Muñoz, Carlos Wyld Ospina, Flavio Guillén, Rafael Arévalo Martínez y Salvador Mendieta, basaban su imaginario en un concepto político y social de nación, en el que los derechos cívico-políticos de todos los ciudadanos estuvieran representados, pero también hubiera cabida para sus derechos culturales. Plantearon un modelo más incluyente y participativo donde los derechos sociales y las bases de la nación no sean determinadas únicamente por las leyes, la educación y los derechos de ciudadanía, para lograr una homogeneización, sino por el respeto y la tolerancia de sus derechos específicos y por la adquisición de derechos sociales, entre los que destaca el derecho a la tierra.

Los intelectuales de la "Generación del 20" estuvieron más influidos por el liberalismo decimonónico y el positivismo spenceriano en su vertiente racialista. El triunfo de gobiernos dictatoriales en toda Centroamérica en la década de 1930 y el asesinato de Augusto Sandino, en Nicaragua, reforzaron los regímenes dictatoriales y produjeron como reacción un retorno de los intelectuales al positivismo y a las corrientes eugenésicas. La influencia del nacional-socialismo se dejó sentir en la cultura política de esta década y muchos de los intelectuales, que apoyaron las dictaduras de 1930, estaban influidos por el fascismo italiano y el nazismo alemán. Incluso algunos de ellos se manifestaron partidarios de las tesis del exterminio de judíos, chinos o indígenas. En cuanto al modelo de nación y nacionalidad, eran partidarios de la homogeneización nacional y del blanqueamiento racial por la vía de la eugenesia.

Para buena parte de la Generación del 20, heredera del positivismo racialista de corte spenceriano, si el indígena del presente estaba en decadencia y no había forma de regenerarlo ni de redimirlo *¿no era mejor dejarlo como estaba o intentar eliminarlo?*

Resurgieron así las teorías eugenésicas, degeneracionistas e higienistas, las teorías integradoras o asimiladoras, y otras interpretaciones históricas divergentes acerca de la historia colonial y republicana, que trataron de dar nuevas respuestas a viejas incógnitas. Pero lo que desapareció, si se compara éste con los debates anteriores a 1930, fue la relación entre "el problema del indio y el problema de la nación".

En este período la *nación* dejó de ser objeto de preocupación, ya no aparecía ligada a la inclusión e incorporación del indígena, como en los debates de 1927-30 de los espiritualistas. La nación dejaba de ser un problema, no era ya ni siquiera una preocupación, tal vez porque durante seis años de férrea dictadura ubiquista se acabó por aceptar tácitamente su inexistencia o se intentó nuevamente invisibilizarlo.

Como en otros tantos momentos de la historia de Guatemala, de nuevo afloraba el debate sobre "el indio y la nación" y se volvía a destapar la caja de Pandora que liberaba la heterogeneidad y el pluralismo cultural existentes y situaba una vez más "a ese indio degenerado e irredento" en el centro de la polémica; volvía a resurgir como eje de la opinión pública el debate acerca de la naturaleza del "indio", sus diferencias culturales y su historia.[11]

En esta etapa de dictadura ubiquista ya no era necesario "regenerar al indio", la dictadura

---

11. Las teorías degeneracionistas tuvieron un éxito enorme en Europa y América Latina, donde el impacto fue muy fuerte en el ámbito de la medicina, la psiquiatría y en las ciencias sociales. El regeneracionismo, inspirado en el *Tratado de las degeneraciones* (1857) de Morel, y modificado en 1895 por Magnan y Legrain, para incorporar la idea darwinista de la lucha por la existencia, dieron a la teoría un carácter más científico. Robert Young, *Colonial Desire, hibridity in theory, culture and race*, London: Routledge, 1995, pp. 100 y ss. R. Huertas García Alejo, *Locura y degeneración. Psiquiatría y Sociedad en el positivismo francés*, Madrid: CSIC, 1987.

ya lo había logrado a través del trabajo forzoso. Lo que se buscaba era justificar un sistema de dominación basado en el racismo biológico.[12]

Frente a lo que sucedía en Perú o en México, en la década de los treinta, en Guatemala se hablaba de "blanquear la nación", de exterminar al indígena o de establecer políticas eugenésicas que lo sacasen de la decadencia.[13]

---

12. Marta Casaús, "El indio, la nación la opinión pública y el espiritualismo nacionalista: Los debates de 1929"; en Marta Casaús y Teresa García Giráldez, *Las redes intelectuales centroamericanas: un siglo de imaginarios nacionales (1820-1920)*, Guatemala: F&G Editores, pp. 207-252. Marta Casaús Arzú, "La creación de nuevos espacios públicos en Centroamérica a principios del siglo XX"; en Mónica Quijada y Jesús Bustamante (eds.), *Élites intelectuales y modelos colectivos, Mundo Ibérico, (siglos XVI-XIX)*, Madrid: CSIC, 2003, pp. 223-255.

13. En esa misma época en Perú se produjo un fuerte debate entre apristas y marxistas acerca de cómo incorporar al indígena a la nación. Los autores, con matices entre ellos, hablan de "nacionalizar la nación", de "peruanizar" Perú, buscando en el pasado Inca o en la cultura indígena en general el engrandecimiento de la nación y recuperando todos aquellos referentes del Tihantinsuyu para la nación. Mientras Mariátegui, Valcárcel y Haya de la Torre discutían acaloradamente en la revista *Amauta* y en otros semanarios, sobre la forma mejor de recuperar la nación en el marco del Estado nacional, a través de un proceso de peruanización, los intelectuales orgánicos del ubiquismo querían suprimir la nación y fortalecer el Estado, anulando el pasado indígena, desvalorizándolo o simplemente subsumiendo la nación en un Estado fuerte, racista y autoritario, en donde la presencia del indígena iba a diluirse hasta convertirse en una sombra. Jussi Pakasvirta *¿Un continente, una nación? Intelectuales latinoamericanos, comunidad política y revistas cultu-*

El indígena ya no era sujeto de regeneración, pasaba a ser sujeto pasivo, en flagrante degradación e incapaz de salir de ella, porque, "su energía se ha agotado", su vida había dejado de tener sentido y sólo vegetaba.

El debate se inició en 1936 con un conjunto de voces, procedentes de los espiritualistas y vitalistas, que se preguntaban acerca de la naturaleza y el destino del "indio", su cuestionada degeneración y su incapacidad de integración y duró hasta 1944. Por razones de espacio sólo nos referiremos a la voz más disonante que va a ser el que maneje el discurso oficial de un escritor, político y periodista más racialista del momento y que va a ser el precursor de todas las corrientes eugenésicas y de exterminio del indio, Carlos Samayoa Chinchilla.

Carlos Samayoa Chinchilla, retomaba los planteamientos positivistas y partía de un determinismo burdo de corte biológico, psicológico y ambiental. Algunas de sus afirmaciones más notables que contribuyeron a generar los tópicos actuales del indígena y las prácticas sociales de discriminación y genocidio fueron las siguientes:

"El indio será siempre indio, porque el alma de su raza ya murió, porque carece de energía a causa de su mala alimentación, el

rales en Costa Rica y en el Perú, (1919-1930), Helsinki: Universidad de Helsinki, 1997. Ricardo Melgar Bao, *Redes e imaginario del exilio en México y América Latina, 1934-1940*, Argentina: Libros en Red, 2003. Malgorzata Nalewajko, *El debate nacional en el Perú (1920-1933)*, Varsovia: Cátedra de Estudios Ibéricos, 1995.

maíz, y porque es irredimible por naturaleza ...
dime lo que comes y te diré lo que será tu
descendencia... El indio de América ya colmó
su misión. En mi concepto nada sería capaz de
sacarlo de su letargo espiritual y el primer
obstáculo para obtener su íntegra liberación
será su propia idiosincrasia".[14]

Aconsejaba en sus cartas abiertas en el
diario *El Imparcial*, "el exterminio del indio"
como en Argentina o la reducción en reservas
como en Estados Unidos y se ufanaba además
de los resultados en estos países, que "han sido
excelentes".

Influido por otros intelectuales positivistas
racialistas en Europa y América, creía que
regenerarlos era inútil porque ya no le quedaban energías y era inútil, cuando no perjudicial,
luchar para devolverles a la vida porque, "su
espíritu está agonizando y hay que ayudarlos a
morir".[15]

El discurso racialista de Samayoa Chinchilla
llegaba a afirmar la naturalización del indio
como inferior con carácter inamovible y absoluto en la medida en que:

"El indio de Guatemala, es un valioso elemento decorativo, forma parte de nuestros pai-

---

14. Carlos Samayoa Chinchilla, "Algo más acerca del
Indio. Nuestros aborígenes a la llegada de los espa-
ñoles.- Efectos de la conquista.- errores y fantasías.-
La alimentación deficiente-. Otros tópicos". Carta de
Carlos Samayoa Chinchilla al Señor Don Ramón Aceña
Durán, *El Imparcial*, 25 de enero de 1937.

15. Carlos Samayoa Chinchilla, escribe tres artículos,
en respuesta a Ramón Aceña Durán, titulados: "Algo
más acerca del indio" (I, II y III), en el diario *El Imparcial*, 25, 26 y 28 de enero de 1937.

sajes y en lo que respecta a su condición merece nuestro respeto humano ... *Pero, el indio, cargado de conocimientos y favorecido por todas las circunstancias imaginables será siempre indio, es decir un ser huraño ante toda idea nueva, impenetrable y como sonámbulo entre el enjambre de inquietudes que acosan al hombre en su marcha hacia la conquista del futuro ... su verdadera redención no llegará sino cuando su vieja sangre tenga oportunidad de mezclarse con representantes de raza blanca".*[16]

En estos párrafos aparecen todos los tópicos respecto del "indio", haragán, degenerado, huraño, irredimible, un elemento decorativo, y lo que es más grave en la construcción de un estereotipo y de un prejuicio racista, su carácter absoluto e inamovible, las frases "indio será siempre indio", *una sombra, un ser agónico, un sonámbulo,* cuyas energías gastadas le impiden seguir viviendo, al que habría que ayudarle a morir o eliminarle, porque "es un obstáculo para el desarrollo, muerto en vida al que hay que ayudarle a morir"; y sólo si no se lograba eliminarle, que sería lo deseable, habría que fusionar su sangre con "representantes de la raza blanca". En este segundo fragmento, lo que estaba argumentando era indudablemente un sistema de opresión y de dominación por la "raza blanca". Estaba justificando la construcción de un racismo de estado, fundamentado en una dictadura represiva de 13 años y en el trabajo forzado de los indígenas para paliar la crisis de dominación oligárquica

---

16. Samayoa Chinchilla, "Algo más acerca...".

que se produjo con la caída de los precios del café.

La etiología de este racismo es puramente biológica y racial y pretende probar de formas múltiples la inferioridad y degeneración del indígena, además de sentar las bases de un Estado racista que frente a los indígenas puede decidir políticas de blanqueamiento de la raza o de exterminio.

Este proyecto de nación eugenésica durante esta etapa es generalizada y mantenida por muchos otros intelectuales como Miguel Ángel Asturias, Federico Mora, Epaminondas Quintana, Víctor Soto, etc., todos ellos partidarios de la eugenesia como estrategia asimilacionista y de blanqueamiento de la nación.

En este debate, quedaban plasmados todos los estereotipos del indio que forman parte del conjunto de tópicos de la sociedad actual y que se han seguido escuchando hasta la actualidad o que se siguen leyendo en la prensa: el indio genética y psicológicamente inferior, la decadencia de las civilizaciones prehispánicas, su agotamiento vital y degeneración actual, la incapacidad intrínseca del indio para civilizarse y regenerarse, el indio como paisaje y como parte del folklore, el indio como obstáculo para el desarrollo y, lo que me parece más humillante, "el indio como una sombra, el indio que confunde la cosa con la sombra", en otras palabras, lo que aquí se está expresando en términos muy claros, es el "indio" como ficción, el "indio" como ser invisible como fantasma errante.

Considero que buena parte de las premisas sobre la invisibilidad de los indígenas como sujetos históricos, portadores de cultura y como ciudadanos con derechos específicos, está delineada con prístina claridad en estas cartas. No sólo estaba presente toda la gama de estereotipos y prejuicios, sino también las estrategias que debía de tomar el Estado para redimirlo o exterminarlo, ya que –según sus autores– no merecía la pena perder el tiempo en regenerarlo.

Resulta lógico pensar que buena parte de la configuración del pensamiento racista guatemalteco y su incidencia en la opinión pública terminó por calar en el imaginario de la sociedad letrada e ilustrada del país y no sólo en su imaginario racista, sino en la falsa percepción de sí mismos como "blancos por oposición al indígena"; blancos por genética, blancos por cultura, blancos por educación, en suma, blancos por definición.

Durante este periodo fue cuando se exacerbó el racismo y se conformó un Estado nacional homogéneo y monoétnico; una buena parte de las élites guatemaltecas volvieron a creer que podían construir un Estado sin nación y una nación sin "indios"; aquellos guatemaltecos que se consideraban criollos o ladinos decidieron, al fin, convertirse en "blancos" y crearon una imagen distorsionada de su identidad étnica, al negarse, una vez más, a construir un proyecto de identidad nacional.

2.

EL IMAGINARIO DE BLANCURA EN LA ÉLITE DE PODER Y SU PERCEPCIÓN DEL "INDIO": INTERPRETACIÓN DE UNA ENCUESTA

EL CONTEXTO DE EMERGENCIA (1978-1981)

El período en donde surge la idea de pasar una encuesta a las redes familiares que detentaban el poder económico y político del país durante este período, parte de la necesidad de analizar la naturaleza del racismo guatemalteco, sus formas de expresión, sus espacios, su génesis, la construcción de los tópicos, etc., teniendo en cuenta que el período de realización de la encuesta era de una importancia crucial porque se producía en unas circunstancias sociopolíticas en las cuales se reactivaban los estereotipos y se reforzaban los prejuicios de una sociedad atravesada por el racismo y la discriminación, a saber: la militarización del poder oligárquico que se inició con el golpe de Estado de 1963, por la cual son los militares los que se suceden en el poder por medio de elecciones fraudulentas, llegó a su fin con una crisis de hegemonía del sistema y una descomposición de las alianzas entre militares y élites de poder. Esta crisis generalizada se expresó en un vacío de poder y una falta de realineamiento de las élites dominantes.

La falta de alternativas democráticas, el escaso funcionamiento del sistema político y de partidos, el sistemático fraude electoral y los altos niveles de represión selectiva, contribuyeron a la emergencia de movimientos revolucionarias en todo el país que se expresaron en una lucha armada liderada por cuatro organizaciones político-militares, que se unificaron en torno a la Unidad Revolucionaria Nacional Guatemalteca (URNG), que reivindicó los anhelos más sentidos de las clases subalternas e incorporó, por primera vez de forma masiva a la población indígena a la lucha armada.

La oligarquía terrateniente vinculada al sector agro-exportador se vio desplazada progresivamente por los sectores más modernizantes, creando fricciones entre ellos y estableciéndose pugnas por la hegemonía.

Las fuerzas armadas intentaron desplazar a esta oligarquía y constituirse en el pivote, principal factor de poder del país, para ello desataron una lucha contrainsurgente de una magnitud desconocida hasta el momento y se inició, a raíz de la primera masacre en Panzós (1979), una represión sistemática, generalizada y masiva en contra de los pueblos indígenas.

La administración norteamericana pasó de una política de derechos humanos de la administración Carter, a una ofensiva violenta, en contra del régimen sandinista. La administración Reagan cambió su estrategia hacia una guerra de alta intensidad en toda Centroamérica para frenar "el comunismo internacional".

Centroamérica pasó a ser considerada geoestratégicamente un peligro para la seguridad nacional e internacional y se le consideró parte de la lucha entre el Este y el Oeste, agudizándose con ello la doctrina de la seguridad nacional y la estrategia de contrainsurgencia. Guatemala, se convirtió en un nuevo laboratorio militar para Estados Unidos como lo fue Vietnam.

En otras palabras, la crisis de dominación oligárquica tocó fondo y, por primera vez existió un temor fundado, de cara a los acontecimientos de Nicaragua y de El Salvador de verse desplazados del poder. Frente a todo ello se reactivaron todos los prejuicios y estereotipos del pasado que seguían vigentes en la mente y en el imaginario de gran parte de los guatemaltecos, especialmente de las élites blancas.[17]

La selección de la muestra, 110 individuos sin distinción de género, edad y estudios, pertenecientes a las principales redes familiares de poder que procedían, en su mayor parte de la época colonial y que habían permanecido en el poder desde entonces, aseguraba la representatividad del núcleo oligárquico de ese período.[18]

La encuesta constó de cuatro grandes temáticas, identidad y racismo, historia y racismo, economía y racismo y estrategias de integración. Abordaremos aquellas preguntas que redundan en los discursos de las élites en su afán de perpetuar la discriminación étnica y racial y en preservar su hegemonía.[19]

---

17. El término de élites blancas de Van Dijk, nos parece en nuestro caso de lo más apropiado ya que uno de los aspectos que más nos llamó la atención es su percepción de blancura. Teun Van Dijk, *Racismo y discurso de las élites,* Barcelona: Gedisa, 2003.

18. Sobre la selección de la muestra y los datos de la encuesta, Marta Casaús Arzú, *Guatemala: Linaje y Racismo*, 3ª edición, corregida y ampliada, Guatemala: F&G Editores, 2007.

19. Coincidimos con Van Dijk en la importancia de analizar el discurso racial de las élites porque es a ellas

El primer aspecto que nos llama la atención es su autoadscripción étnica: de los 110 entrevistados, 59 se consideran blancos, 23 criollos, 12 mestizos y 14 ladinos y las razones para considerarse como "blanco-criollos" es su ascendencia española o europea y carecer de sangre india. No parece existir una marcada diferencia en su consideración étnica por género, edad, ocupación o educación.

Este porcentaje de élites blanco-criollas, perciben la diferencia entre indígenas y no indígenas en función de aspectos de carácter biológico-racial. En sus respuestas son claras las alusiones a dichos aspectos genéticos:

Un hombre que se considera blanco, abogado, miembro de la Real Academia de España, respondió: "La vida de un sujeto está programada por sus genes, los genes determinan su conducta y desarrollo. La transmisión genética de los indios es de una raza inferior. Los genes de la raza blanca son superiores y esa raza superior produjo grandes inventos y artistas, la otra no ha creado nada".[20]

Una mujer de 45 años, que se considera blanca, ama de casa, esposa de industrial, responde: "Existen diferencias claras, porque

---

a las que corresponde la reproducción y pre formulación del racismo, ya que son éstas las que dispersan la ideología y establecen las prácticas sociales al conjunto de la sociedad. Teun Van Dijk, (coord), *Racismo y discurso en América Latina,* Barcelona: Gedisa, 2007.

20. Entrevista No. 45, Casaús, *Guatemala: Linaje y...,* p. 198.

---

la mezcla del alemán con indio es más pura, más sana, porque la raza española no era pura, por eso el indio mezclado es más perverso y haragán".[21]

De nuevo la construcción del estereotipo está basada en la valorización de rasgos negativos e imaginarios que se elevan a categoría de absoluto y el mestizaje vuelve a aparecer como algo perverso y negativo.

En cuanto al roce interétnico con grupos indígenas son aun más selectivos: en más de un 50% no adoptarían a un niño indígena y jamás se casarían con una indígena y las principales razones aducidas son: "No son de mi raza, tengo prejuicios hacia esa raza, son una raza inferior". Algunas respuestas fueron más viscerales llegando a afirmar: "Son una raza inferior, son feos y huelen mal", "no me gustaría por la inferioridad del indio". "Va a ser indio toda la vida" o "no pertenece a mi clase ni a mi raza".[22]

Como se puede observar el racismo burdo y vulgar prevalece sobre el racismo cultural y se manifiesta de una manera cruel y sin tapujos, en muchas de las respuestas. En la actualidad se ha producido un cambio de percepción en dichas élites, pero éstos han sido mínimos por lo que hemos podido observar en las últimas encuestas y apuntan hacia un racismo de corte más cultural que biológico.[23]

---

21. Entrevista No. 65, *Ibíd.*

22. *Ibíd.* p. 210.

23. Véase encuesta realizada por Vox Latina y publicada en *Prensa Libre*, 28 de agosto, 2005. Alejandra

De hecho el artículo de opinión y del diario de mayor tirada en El Salvador, Altamirano, refiriéndose a Evo Morales y a Rigoberta Menchú, afirma:

"Por allí anda Evo paseando por las cancillerías y los palacios de gobierno europeos, con disfraz puesto como la Menchú, ataviada de india, aunque en su vida normal viste la ropa normal de cualquier señora burguesa de Guatemala... El grave problema de un fanático político como Evo, es su incapacidad *medular* de captar el papel que desempeñan las casi infinitas maneras del pensar, el hacer y ... no entiende de esas cosas, de lo que son las costumbres, normas sociales y modos de comportarse ... de lo que separa un hombre civilizado de un palurdo".

Y finaliza el artículo de forma despectiva y despreciativa:

"Evo puede ser para Bolivia, el toro en la tienda de porcelana, pisoteando todo, sin construir nada, la bestia que arrasa con todo a su paso".[24]

Hurtado de Mendoza, "Estilos de prejuicio en la población universitaria guatemalteca: análisis comparado en cuatro universidades"; en Marta Casaús y Amílcar Dávila (Coords.), *Diagnóstico del racismo en Guatemala. Investigación interdisciplinaria y participativa para una política integral por la convivencia y la eliminación del racismo,* Vol. III, Guatemala: Vicepresidencia de la República, 2006.

24. "Con suéter y tontería paseando por Europa"; en *Diario de Hoy*, 10 de enero, 2006. El vocablo "medular" lo está empleando como genético propio del pensar y del hacer de una civilización inferior que no entiende de costumbres y que separa al hombre civilizado de la bestia. El contrapunto entre civilización y barbarie de Sarmiento vuelve a aparecer en el siglo *XXI*.

En cuanto a la construcción del estereotipo y al prejuicio étnico, siguen prevaleciendo rasgos biológicos o raciales como el hecho de caracterizar a la población indígena como: sumisa, conformista, morena, baja, haragana, tradicional, introvertida y sucia. Sin embargo, después de la guerra de 36 años y ante la emergencia del movimiento maya y del acceso de algunas élites mayas a ciertas cuotas de poder, pareciera que ha habido una modificación del prejuicio étnico hacia valores positivos como que los indígenas son trabajadores, honrados, poseedores de una cultura e incluso inteligentes, pero en encuestas recientes como la de González Ponciano o de Solares o en artículos de prensa como el del *Diario de Hoy*, se les sigue considerando como una raza y una cultura inferior.[25]

En el 2005, por primera vez en la historia de Guatemala, el diario de mayor tirada *Prensa Libre*[26] publicó una encuesta realizada a un universo poblacional amplio en toda la república y llegó a la conclusión de que Guatemala es un país racista. Algunos datos aportados por esta encuesta muestran que el 94.3% de los encuestados afirmó que existe discriminación y que ésta es padecida por los indígenas.

25. Jorge Solares y Gilberto Morales, "'No soy racista pero...', relaciones interétnicas y racismo fragmentario en Guatemala"; en Olmedo España, *Discriminación y racismo*, Guatemala: Copredeh, 2003.

26. Encuesta realizada por Vox Latina, *Prensa Libre*, 28 de agosto, 2005; 1,421 adultos hombres y mujeres rurales y urbanos encuestados.

El factor racial sigue pesando en la medida en que el 74.8% de los ladinos reconoció tener "sangre española o extranjera", mientras que solo el 58.7% reconoció tener "sangre indígena". Esto se ve reforzado por el 47.7% que aún considera al apellido de origen español como mejor condición que el apellido indígena.

Continúa habiendo una percepción tanto entre indígenas como entre ladinos de que, un 74% del conjunto de la muestra considera que ser rubio o "canche" provee mayores oportunidades para participar en el mercado laboral, en comparación con ser moreno. Lo mismo sucedes con los apellidos españoles.

Los estereotipos relacionados con el trabajo y la etnicidad continúan reproduciéndose. Muestran que los estereotipos son reproducidos y asumidos por los mismos grupos. Los indígenas se consideran mejores para "las tareas del campo" (96.5%), mientras que los ladinos se desenvuelven mejor en los trabajos de oficina (57.8%).

En general, las preguntas dirigidas a visibilizar la imagen que tanto ladinos como indígenas tienen de sí mismos y del otro, muestran que ambos conglomerados reproducen los estereotipos. "El estereotipo funciona: los mayas son trabajadores, honrados a medias, pero sucios. Por otra parte, los ladinos son holgazanes, medio limpios de cuerpo, pero muy corruptos".

De acuerdo a los encuestados, los esfuerzos por generar una sociedad intercultural, no han tenido mayor impacto, dado que perciben que las condiciones han empeorado. El 49% considera en aumento la discriminación hacia el indígena, dato que se agudiza al contar únicamente a los encuestados indígenas (56.2%). La dimensión de las acciones que ha realizado el actual gobierno respecto a este tema, es calificado principalmente como "muy poco" (49.5%). Esto mismo podría estar relacionado con la apreciación del agravamiento de las tensiones en las relaciones interétnicas.[27]

En una investigación reciente realizada en Guatemala, "Diagnóstico del racismo" para la formulación de políticas públicas contra el racismo y la discriminación étnica en Guatemala, uno de los estudios del informe, de Wilson Romero, acerca de los costos de la discriminación en la población indígena, femenina y rural en Guatemala, llega a la conclusión de que los costos de la discriminación no sólo afectan a las personas más vulnerables, profundizando la pobreza y la exclusión e incrementando la brecha de las desigualdades, sino que tiene un costo para el Estado y para toda la sociedad en general, lo que él llama el costo de oportunidad y cree que ese costo, se puede medir en una pérdida de crecimiento real del conjunto de la economía. A su juicio el costo nacional de la discriminación, para el año 2003, fue de 6,000 millones de quetzales, el equivalente al 3.3 % del PIB. Con lo que demuestra que: "Con la discriminación perdemos todos..., los más vulnerables, las empresas y el Estado. Lo cual nos conduce a pensar que el racismo no solo afecta profundamente al discriminado sino que tiene un costo enorme para

---

27. *Prensa Libre*, *op. cit.*

el conjunto de la población y para el país en general. El racismo no solo tiene rostro de mujer, es que es nos impide crecer económicamente".[28]

En este mismo informe de cinco volúmenes acerca de cómo opera el racismo en la población guatemalteca, Alejandra Hurtado de Mendoza,[29] hace un estudio comparado entre el estilo de prejuicio manifiesto, igualitario y sutil en cuatro universidades guatemaltecas y llega a la conclusión de que a pesar de que el racismo manifiesto ha disminuido, sigue siendo muy alto comparado con la población universitaria europea y que este tipo de racismo se manifiesta de forma más clara en las universidades de élite como la Marroquín y la Galileo. Los datos de la encuesta muestran que hay una relación muy estrecha entre niveles de ingreso, educación y prejuicios, siendo los estudiantes de mayores ingresos los que manifiestan un estilo de prejuicio mayor así como expresiones negativas hacia los indígenas. Coincide con otras encuestas anteriores en la interrelación entre identidad y prejuicio, aquellos estudiantes que se consideran blancos o criollos manifiestan un estilo de prejuicio manifiesto mayor que aquellos que se consideran mestizos o ladinos. Una de las novedades más relevantes de esta encuesta es la relación entre prejuicio

28. Wilson Romero, "Los costos de la discriminación en Guatemala"; en Casaús y Dávila (coords.), *Diagnóstico del racismo...*, Vol. I, pp. 69-95.

29. Alejandra Hurtado de Mendoza, "Estilos de prejuicio...", pp: 70-98.

y proximidad o contacto. Se muestra claramente que en los estudiantes que no tienen contacto con población indígena, los prejuicios étnicos y estereotipos, así como las emociones negativas se disparan. Por lo que una de sus conclusiones es fomentar los espacios de sociabilidad y el contacto intergrupal fomentando la interculturalidad entre ambos grupos.

3.
EL INDIO COMO AMENAZA PÚBLICA, (1978-1985): EL RACISMO COMO TECNOLOGÍA DEL EXTERMINIO

La consolidación del Estado oligárquico y la crisis de hegemonía que se produce ante la incapacidad de las oligarquías y de los sucesivos gobiernos militares de llegar a una alianza interelitaria e interclasista, la utilización de la represión selectiva como único mecanismo de mantenimiento del poder y la falta de salidas democráticas tras múltiples fraudes electorales que, mediante partidos comparsas, nombraban a candidatos militares a la presidencia para mantenerse en el poder; el asesinato sistemático de los líderes sindicales y campesinos y de aquellos candidatos presidenciales civiles que no se plegaban a las reglas del juego, generó un desgaste en la estructura políticomilitar y provocó la emergencia de nuevos movimientos revolucionarios desde 1970, que llegaron a su máxima culminación entre 1980 y 1983.

Por primera vez, en la historia de Guatemala varias de las organizaciones en armas, especialmente ORPA y el EGP, incorporaron masivamente a la población indígena a sus filas y asumieron el racismo como uno de los puntos clave de sus reivindicaciones políticas e ideológicas.[30] A ello habría que sumarle el profundo desprecio de los militares hacia los indígenas fruto del racismo histórico- estructural del país y de un intento de distanciamiento entre estas élites mestizo-ladinas que trataban de alejarse del indio y de su pasado, para formar parte del aparato represivo de un Estado oligárquico, racista y excluyente.

La encuesta citada anteriormente, ya reflejaba claramente este imaginario racista y era perceptible una tendencia no mayoritaria, pero si significativa que abogaba por "el exterminio del indio o por su eugenesia" como solución para la integración de éstos en la nación. No se debe desestimar que un buen porcentaje de la población encuestada, que en su mayor parte se consideraban blancos y descendientes de europeos, que abogaban por la mejora de la raza y que eran partidarios de la eugenesia o del exterminio del indígena, son los que accedieron al poder entre 1980 a 1983, causando uno de los mayores genocidios en la historia del país.

---

30. Véase los documentos internos de ORPA, sobre, "La verdadera magnitud del racismo", Guatemala, 1978, (mimeo) o del EGP, sobre las nacionalidades indígenas, en los que se priorizaba como sujeto revolucionario a los indígenas y se establecían las principales columnas guerrilleras en territorio indígena. Mario Payeras, *Los fusiles de octubre*, México: Juan Pablos, 1991.

No resulta casual que estas élites "blancas" ante la pregunta ¿cuál es la solución que Ud, propone para integrar a los indígenas a la nación? la respuesta de un 10% de la muestra fuera, "exterminarlos" o "mejorar la raza". Algunas de estas respuestas más indicativas en este sentido fueron:

Un ingeniero industrial, de 55 años que se considera blanco expresó su opinión:

> "Yo no encuentro otra solución más que exterminarlos o meterlos en reservaciones como en Estados Unidos. Es imposible meterle cultura a alguien que no tiene nada en la cabeza, culturizar a esa gente es obra de titanes, son un freno y un peso para el desarrollo, sería más barato y más rápido exterminarlos".[31]

Un joven agricultor, de 26 años, que se considera blanco y con estudios superiores opina que:

> "Integrarlos no sería una solución, tampoco repartirles tierra, ni darles dinero, ni siquiera educarlos merece la pena. En el fondo yo soy un reaccionario, porque algunas veces me dan ganas de exterminar a todos los indígenas del altiplano".[32]

Un empresario de 49 años con estudios secundarios opina que: "La única solución para esa gente sería una dictadura férrea, un Mussolini o un Hitler que les obligara a trabajar y a educarse, o los exterminara a todos".[33]

---

31. Casaús, *Guatemala: linaje y...*, p. 249.

32. *Ibíd*.

33. *Ibíd*., p. 250.

Estas respuestas son lo suficientemente elocuentes para percibir el profundo desprecio, temor y odio que un sector de la oligarquía sentía y expresaba en el momento de pasar la encuesta (1979-1980). Dos años más tarde se empezaron a producir las masacres y el genocidio mayoritariamente en contra la población indígena. Probablemente estos juicios de valor que formaban parte del inconsciente colectivo del núcleo oligárquico, se convirtieron en una práctica política de la clase dominante. De la misma manera que prueba Schirmer, la actitud racista de los altos mandos del ejército, según las entrevistas citadas por la autora, contribuyó notablemente a la ejecución de actos de genocidio, aunque ni el ejército ni el estado guatemalteco hayan reconocido este hecho.[34]

El hecho de que el indígena pasara de ser objeto a ser sujeto de su propia historia y se incorporara a la vida política de forma masiva a través de organizaciones revolucionarias, desató y desencadenó en este núcleo de poder todo este inconsciente colectivo de exterminio que llevaría a la muerte a más de 200,000 personas entre muertos confirmados y desaparecidos, 626 aldeas masacradas y más de un millón y medio de refugiados y desplazados entre 1978 y 1983. El temor a la rebelión del "indio" y el deseo solapado de exterminarle se

34. Jennifer Schirmer, *Las intimidades del proyecto político de los militares en Guatemala,* Guatemala: FLACSO, 1999. CEH, *Conclusiones y recomendaciones, Guatemala memoria del silencio,* Guatemala: F&G Editores, 2004.

unían en una coyuntura histórico-política que terminaría en un etnocidio.

CALDH en un informe elaborado por múltiples expertos de organismos internacionales, nacionales y víctimas del genocidio consideran que el racismo institucional facilitó y dio pie al genocidio en Guatemala: "El racismo histórico-socio-cultural fue un factor clave en determinar la naturaleza y brutalidad de la violencia durante los gobiernos de Lucas García y de Ríos Montt, basada en la creencia generada por el ejército entre su tropa de que la población indígena no merecía el respeto de... ello facilitó los actos de genocidio".[35]

Este exterminio de la población indígena fue obra del ejército y la élite de poder durante la fase más álgida de la guerra y costó la vida, según la Comisión de Esclarecimiento Histórico (CEH), a más de 200,000 personas, de las cuales más del 83% eran mayas, provocando *actos de genocidio* contra la población indígena. Esta violencia tuvo un trasfondo racista en la medida en que se trató de exterminar al pueblo maya, declarándolo enemigo interno.[36]

---

35. CALDH, *Genocidio la máxima expresión...*, p. 22. Así como "La jurisdicción universal para el juzgamiento del genocidio en Guatemala", demanda presentada por la premio Nobel de la Paz, Rigoberta Menchú Tum, ante la Audiencia Nacional de España, Fundación Rigoberta Menchú, 2001.

36. Comisión de Esclarecimiento Histórico, *Guatemala, Memoria del Silencio, tomo V, Conclusiones y recomendaciones*. En los numerales 108-122. El informe concluye que el Estado guatemalteco, entre 1981 y 1983, ejecutó actos de genocidio en contra de la población maya. Guatemala: UNOPS, 1999.

El informe de la CEH, apoyado en la Convención de Prevención y Delito de Genocidio firmada por todos los estados, entre ellos Guatemala, en 1950, tipifica de genocidio a:

"Cualquiera de los actos mencionado a continuación perpetrados con la intención de destruir total o parcialmente a un grupo nacional, étnico o religioso en cuanto a tal, y que suponga: matanza de los miembros del grupo; lesión grave a la integralidad física o mental de los miembros del grupo; sometimiento intencional del grupo a condiciones de existencia que puedan acarrear su destrucción física total o parcial; medidas destinadas a impedir los nacimientos en el seno del grupo, Traslados por la fuerza de niños del grupo a otro".

La Comisión, el REMHI, CALDH, la Fundación Rigoberta Menchú y otros organismos internacionales, después de múltiples investigaciones *in situ* y con muchísimos testimonios de las víctimas confirman que:

"Entre los años 1981 y 1983 el ejército identificó a grupos del pueblo maya, como el enemigo interno, porque consideraba que constituían o podían constituir la base del apoyo de la guerrilla... y considera que estos actos criminales y de violaciones de los derechos humanos ... dirigidos de forma sistemática contra grupos de la población maya, entre los que se cuenta la eliminación de líderes y actos criminales contra menores... evidencia que dichos actos fueron cometidos con la intención de destruir total o parcialmente a dichos grupos y que por ende constituyen actos de genocidio".[37]

---

37. Comisión de esclarecimiento Histórico, *Conclusiones*, Guatemala: CEH, 1999. *Jurisdicción Universal para el juzgamiento del Genocidio en Guatemala, Demanda*

A la misma conclusión llega Sanford, cuando afirma que el ejército de Guatemala cambió su estrategia represiva de asesinatos selectivos a masacres, hacia una estrategia genocida de larga duración contra la población maya. Considera que: "Estas atrocidades deben de ser consideradas como delito de genocidio". A su juicio, hubo tres campañas de genocidio planificadas y ejecutadas en contra de la población maya: la estrategia de "tierra arrasada" en zonas mayas, liderada por los hermanos Lucas García y Ríos Montt; la persecución implacable y matanza de los supervivientes y el establecimiento de campos de reeducación y aldeas modelo, todos estos hechos están tipificados como delitos de genocidio.[38]

Más contundente aún es el libro de Prudencio García quien considera que es el caso de mayor impunidad militar y de mayor degeneración de los códigos militares de todo el continente americano y posiblemente de todo el mundo porque se violaron todos los principios básicos ensañándose contra la población civil, especialmente los pueblos indígenas. Las

presentada por la Premio Nóbel de la Paz, Rigoberta Menchú Tum, ante la Audiencia Nacional de España, México: Fundación Konrad Adenauer, 2001.

38. El excelente libro de Victoria Sanford prueba cómo el ejército de Guatemala planificó e informó de esta estrategia al Departamento de Estado norteamericano, en informes desclasificados recientemente en enero de 1998. Afirma que en estos documentos desclasificados de la CIA y del departamento de Estado hay evidencias de genocidio. Victoria Sanford, *Violencia y genocidio en Guatemala*, Guatemala: F&G editores, 2004, p. 32 y 33.

formas más esperpénticas de violación de los derechos humanos fueron, mutilaciones como formas atroces de tortura y ejecución, empalamiento y crucifixiones, masacres colectivas y exterminio de comunidades, violencia sexual contra las mujeres y violencia extremada contra los niños.[39]

No es mi intención relatar aquí los horrores cometidos durante este periodo en mi país, pero sí enfatizar aquellas formas de violencia, tortura, aniquilación en contra de las mujeres, niños e indígenas. Porque efectivamente sí hubo una intencionalidad y una estrategia diseñada para exterminar físicamente a un pueblo y a su descendencia y creo que es importante refrescar la memoria y no olvidar estos hechos para que no vuelvan a producirse.

No es casual que del total de violaciones contra los derechos humanos que afectaron la vida y la integridad física de las personas, el 70"% se cometieran contra mayas y solo el 10% contra ladinos y en cuanto a víctimas registradas por la CEH, el 89% fueran maya hablantes y procedieran de municipios con población mayoritariamente indígena como Quiché, Kekchi y Kakchiquel.

Pasamos a recopilar algunos testimonios relacionados con estos hechos de una enorme saña y brutalidad:

> "Los soldados nos gritaron que nosotros, los indígenas, no éramos nada, éramos animales, no nos merecíamos el respeto de un ser humano".

---

39. Prudencio García, *El genocidio de Guatemala, a la luz de la sociología militar*, Madrid: SEPHA, 2005.

"[V]inieron los soldados y mataron a 15 personas y nosotros nos escondimos en la montaña. Quebraron las cabezas de los niños y yo vi cuando violaban a las mujeres. Sacaron los fetos de las mujeres embarazadas y les quebraron sus cabezas... Nos trataron peor por ser indígenas, no solamente con armas y balas, pero por quemar los hogares y cultivos".[40]

"[H]abía mucha discriminación con el indígena. A los indígenas nos golpeaban y nos insultaban casi por gusto, porque no podían decir casi ni palabra".[41]

Después de la masacre de San Pedro Sacatepéquez y de San Marcos, el ejército estuvo matando a la población civil durante más de cuatro o cinco 5 días en enero de 1982. El testimonio de una de las víctimas que observó la masacre dijo:

"Habían 10 verdugos... eran de oriente. Hacían turno para matar a las gentes. Mientras cinco mataban, los otros cinco se venían a descansar. Como parte de su descanso tenían turnos para matar a dos señoritas de 15 y 17 años. Al darles muerte les dejaron sembradas estacas en los genitales".

---

40. Testimonios de sobrevivientes de la CEH, *Guatemala, Memoria del silencio*, Vols. III y IV, Guatemala: UNOPS, 1999. Libros escritos por las víctimas al margen de las dos grandes recopilaciones de la REMHI y la CEH: aún no existe mucha bibliografía contada por ellos mismos. El libro de Víctor Montejo, *Testimonio en tiempos del Mayab*, o el libro colectivo, *Tiempo de callar, tiempo de hablar... Estamos empezando,* Guatemala: ILUGUA, 2004 son un buen testimonio colectivo de lo acontecido.

41. CEH, *Guatemala, Memoria...*, tomo III..., p. 199.

Lo mismo ocurrió en la masacre de Paqix, Sacapulas, donde en febrero de 1982 fueron violadas y ejecutadas cinco mujeres indígenas a quienes violaron delante de sus hijos.

Casi todas las violaciones y posteriores asesinatos de mujeres indígenas se produjeron como hechos testimoniales de sembrar el terror entre la población indígena, colgando posteriormente a las mujeres y a los fetos con estacas clavadas en su vientre para causar el pánico.[42]

"El soldado... contaba que cuando estaban muertas las señoras les subía la falda y les metía un palo por la vagina... a una anciana la ahorcaron y la mostraron desnuda con un banano en la vagina... Abrieron la panza de una mujer embarazada y sacaron el nene y al nene le pusieron un palo atrás hasta que le salió por la boca".[43]

Todas estas brutalidades se dieron en áreas de población maya y la mayor parte de ellas iban acompañados de insultos como "raza de coches" "indias de mierda". "Nos insultaban y nos pateaban sólo porque éramos indios y nos trataban como animales".

Que duda cabe que esta violencia sexista y etnicista no ha sido castigada y los verdugos y ejecutores de dichos actos de etnocidio y feminicidio siguen en las calles impunemente y

---

42. A juicio de la CEH, estas modalidades, crueles en extremo, de violencia sexual y de tortura tenían una finalidad directa contra la población maya, sus familias, hijos y cosechas e iba encaminada a infringir un castigo ejemplar, sembrar el terror contra la población indígena. CEH, *Guatemala, Memoria...,* tomo III, p. 35.

43. *Ibíd.,* p. 31; Ixcán, Quiché.

muchas víctimas se cruzan con ellos en sus aldeas y pueblos, como lo expresan muchos testimonios.[44]

Todos estos datos nos hacen coincidir con los planteamientos de Sanford, Fundación Rigoberta Menchú, CALDH, García, Payeras sobre la responsabilidad del Estado guatemalteco, del ejército y de las élites de poder quienes diseñaron y ejecutaron una estrategia genocida de larga duración contra la población maya a lo largo de la década de los ochenta.[45]

Mario Payeras, ex comandante del EGP, mucho antes, ya planteó que el etnocidio no tenía exclusivamente el objetivo de quitarle la base popular a la guerrilla, sino que su objetivo más profundo "era romper la estructura comunal y la unidad étnica, destruyendo los factores de reproducción de la cultura y afectando los valores de la organización social indígena". Payeras concluye en su libro escrito en 1985, pero

---

44. Esta violencia sadomasoquista se sigue expresando actualmente en el feminicidio llevado a cabo estos dos últimos años en Guatemala donde mueren más de dos mujeres al día y ya han sido asesinadas impunemente más de 500 mujeres, esta vez bajo la sospecha de que son prostitutas y mujeres de los miembros de las "maras", sin que haya pruebas sobre ello. "Feminicidio en Guatemala"; en *ABC dominical*, Madrid, 11 al 17 de diciembre, 2005.

45. Esta connivencia aparece claramente expuesta en los libros de Carlos Figueroa Ibarra, *El recurso del miedo* y en el de Francisco Villagrán, *Biografía política de Guatemala,* Vol. I y II, en el que pueden observarse con todo lujo de detalles y nombres, los pactos secretos tripartitos entre el ejército, la oligarquía y la administración norteamericana.

publicado en 1991 que: "Borrar la memoria histórica de los pueblos indígenas y cegar su perspectiva de liberación se convirtió en el objetivo de fondo de la contrainsurgencia".[46]

46. Payeras, *Los fusiles de...*, pp., 37 y ss.

CONCLUSIONES Y
REFLEXIONES

Del análisis histórico estructural sobre la génesis, la etiología, la reproducción y vigencia
del racismo en Guatemala y de sus diferentes
lógicas, prácticas y manifestaciones racistas, así
como de la presencia del racismo en los diferentes espacios públicos y privados, y de sus
principales actores, élites de poder, ejército,
medios de comunicación, mayas, ladinos, etc.,
podemos deducir varios aspectos que nos pa-
recen preocupantes o al menos dignos de ser
tenidos en cuenta, de reflexionar sobre ellos,
como intelectuales, políticos o personas que
accionan e interaccionan en Guatemala como
son las ONG, los gobiernos europeos y los
organismos internacionales, especialmente los
informes nacionales de desarrollo humano del
PNUD-Guatemala.

1) Las bases y los espacios sobre las que se
   construyó y reprodujo el racismo en Guatemala, desde la Colonia hasta nuestros días
   permanecen incólumes y no parece que
   haya habido ningún indicio de que los
   estereotipos y prejuicios que lo sustentan
   se hayan desactivado, todo lo contrario.

2) Las bases sobre las que se montó el genocidio tanto en su aspecto institucional,

el Estado racista, como en sus aparatos represivos e ideológicos, permanecen intactas y no ha habido ningún cambio en las estructuras de poder que permitan pensar que sean otros actores sociales y políticos quienes detenten el poder. Por el contrario hay un cierto retorno de las oligarquías tradicionales, especialmente de los sectores monopólicos y de los sectores más recalcitrantes del ejército.

3) Los responsables del etnocidio no han sido castigados, ni siquiera nominados individualmente como se hizo en otras Comisiones de la Verdad, mucho menos enjuiciado y hasta el momento gozan de total impunidad.

4) Resulta evidente que, cualquier iniciativa de transformación de la constitución o de la legislación en materia de mejora de los derechos étnico-culturales, provoca una fuerte reacción en las clases dominantes y en las élites simbólicas, que son las encargadas de legitimar la política general y las decisiones sobre las minorías étnicas.

5) Si bien se han producido cambios importantes por un sector del gobierno actual, en el sentido de brindar nuevos espacios a los pueblos indígenas y posibilitar una mayor participación política de ciertas élites mayas, ello no se ha traducido en políticas públicas que contribuyan a paliar la desigualdad económica ni la discriminación. El frágil equilibrio de la estructura y las pugnas internas en el gobierno, han impedido una política coherente en este campo, aunque no dudamos de que ha

habido voluntad de enfrentar y dar solución a los problemas étnicos.

6) La emergencia del pueblo Maya como movimiento etno nacionalista y sus diversas estrategias para incorporarse plenamente y en igualdad de derechos sociales económicos y culturales, ha reavivado y reactivado los mecanismos ancestrales generadores de prácticas racistas y discriminatorias. Es más, no sólo las ha reactivado, sino las ha ampliado a otra parte de la población: clases medias e intelectuales que, antes simpatizaban más con los movimientos indígenas, pero que a partir de los acuerdos de paz y de la emergencia del movimiento maya, se ven preocupados, cuando no amenazados, por la irrupción del "los mayas al poder".

7) Las élites de poder que gobiernan y dirigen el país y las élites económicas, continúan expresando permanentemente sus actitudes, prácticas y manifestaciones racistas y discriminatorias, como se puede ver en algunos de los casos denunciados por personas indígenas que se han visto impedidas de acceder a sitios públicos, trabajo o escuela con su propia indumentaria. Los recursos judiciales instruidos para evitar estos hechos han sido infructuosos hasta el momento, a excepción de la demanda de Rigoberta Menchú.

8) Con la candidatura a la presidencia de Rigoberta Menchú, el nivel de prejuicios y descalificaciones hacia su personas y hacia los indígenas se ha incrementado notablemente, si bien es verdad que ha habido

una respuesta positiva por parte de la población, pero han contribuido a incrementar los temores a que llegue a la presidencia una indígena.

A mi juicio, al interior del grupo que se considera "blanco" se ha exacerbado el racismo, con expresiones y prácticas aún mas intolerantes, no expresadas en público, pero refrendadas por otras encuestas, y que, en cualquier ocasión y frente al temor de la llegada de "una indígena al poder", se han reactivado. Véase la prensa sobre la campaña de Rigoberta Menchú.

9) La comunidad internacional y cierto discurso paternalista y pro indianista o etnicista de algunas agencias para el desarrollo, especialmente el *Informe Nacional de Desarrollo Humano* del PNUD,[47] asumen posiciones dicotómicas y bipolares de carácter étnico que no corresponden a la realidad social del país y que contribuyen a polarizar el discurso de unos y otros, colaborando a exacerbar las diferencias étnicas y a profundizar ciertos esencialismos de todos los élites dominantes y subalternas, "blancos", "ladinos" o "mayas". No parece haber una clara conciencia de los riesgos que implica esa polarización para el conjunto de una sociedad y un Estado racista.

---

47. INDH, *Diversidad étnico-cultural: la ciudadanía en un estado plural*, Guatemala: PNUD, 2005, analiza la historia de Guatemala, como una historia exclusivamente interétnica y continúa negando la existencia del racismo, a pesar de los datos que arroja la encuesta de Vox Latina.

10) Si bien es verdad que ha habido un cierto avance en las percepciones de unos y otros y una cierta autoestima y auto respeto por parte de la ciudadanía en general hacia los pueblos indígenas, fruto de sus conquistas en los últimos años tras los acuerdos de Paz, lo que es perceptible en la encuesta de *Prensa Libre*. Esa toma de conciencia por parte de los ladinos, lo que está evidenciando es la existencia compartida por ambos grupos de que existe discriminación étnico-racial por el color de la piel, el apellido o el grupo étnico. Lo que demuestra, una vez más, la existencia de racismo y discriminación en la sociedad guatemalteca.

11) Algunas élites intelectuales, mayas y ladinas urbanas, que poseen un discurso étnico-cultural muy esencialista y que son poco proclives a vincular los aspectos étnicos al desarrollo y a la lucha contra la pobreza y la desigualdad, están contribuyendo notablemente a exacerbar las dicotomías y a reactivar los prejuicios del sector dominante, sin contar con el poder económico y político para acceder al poder y hacer frente a un enfrentamiento ideológico y político. Lo mismo sucede con un grupo de intelectuales ladinos que están contribuyendo a generar dicha polarización, a través de los medios de opinión pública.

Como conclusión final y sin ningún ánimo de generar profecías apocalípticas o pesimistas, sólo ateniéndome a los epígrafes desarrollados, a la constatación de los hechos históricos y políticos, podríamos pensar que, si no ha habido grandes cambios en la estructura del Estado, mucho menos en la estructura económica que nos permitan pensar que se ha dado un cambio en el bloque de poder; si los aparatos represivos e ideológicos continúan en las mismas manos y no se han desactivado por medio de campañas de prensa, de educación o por medio de políticas públicas desde el estado; si la enfermedad del racismo, sus causas, prácticas y mecanismos siguen vigentes y, en lo único que hemos avanzado es en el diagnóstico de la enfermedad y en llegar a un cierto consenso de su existencia como problema nacional; si a nivel económico y por parte de la distribución de los servicios públicos en materia de salud y de educación del Estado hemos constatado que los costos de la discriminación son un factor que incide notablemente en la desigualdad y en la pobreza de los sectores más vulnerables y desfavorecidos, especialmente mujeres, indígenas y rurales; si el estado apenas ha podido aplicar medidas de igualdad compensatoria en materia de etnia y género y la brecha de la pobreza cada vez crece más:

¿Qué nos hace suponer que los mecanismos de racismo como sistema de dominación y de explotación se han desactivado o han terminado de tener utilidad para las élites de poder?

¿Qué nos hace suponer que las prácticas racistas y los estereotipos han desaparecido o se han difuminado de las estrategias discursivas, cognitivas y mentales de los ciudadanos y ciudadanas guatemaltecas?

¿Qué nos hace pensar que ha habido un cambio en las representaciones sociales de los grupos implicados?

Si la ciencia y la academia, con informes como el INDH, continúan analizando la sociedad guatemalteca de forma bipolar y dicotómica y continúan exacerbando contradicciones falsas o no prioritarias, ¿qué nos hace suponer que no se están reproduciendo todos los modelos dicotómicos que exacerban la relación ladino indígena?

Y si todo esto es así, ¿por qué no deberíamos de considerar seriamente que la posibilidad de una reactivación de los prejuicios racistas y genocidas que se pueden provocar en cualquier momento, dando origen a nuevos actos de genocidio como los sucedidos hace menos de una década y que se están produciendo en otros lugares del planeta con el silencio y complicidad de todo el ámbito internacional?

¿Por qué nosotros vamos a ser diferentes al resto de países como Francia, Alemania o Austria en donde se están dando fuerte brotes xenófobos o Ruanda, Bosnia y Chechenia donde se han provocado auténticos genocidios en estas últimas dos décadas?

¿Por qué no ser conscientes de que continuamos teniendo en nuestras manos una bomba de tiempo sin desactivar? Creo que todos y todas tenemos en nuestras manos el deber y la responsabilidad moral de pensarlo y tratar de impedirlo.

Quiero terminar con unas palabras de una de las innumerables víctimas de este holocausto que, supone una actitud de vida que todos y todas deberíamos asumir ante el geno-cidio de los pueblos del mundo. Un testigo que lleva envueltos un morral (una bolsa) los hue-sos de su familiar y dice lo siguiente.

"Me duele mucho cargarlos... es como car-gar la muerte... no voy a enterrarlos todavía. Si quiero que descanse, descansar yo también, pero todavía no puedo... Son la prueba de mi declaración... No voy a enterrarlo todavía, quiero un papel en el que diga a mí: lo mataron ... no tenía delito, era inocente..., entonces vamos a descansar". (Testimonio ante la CEH).

Esta terrible lección no puede quedar en el olvido, ni resulta sano para una sociedad que pretende vivir en paz y en democracia tratar de borrar el pasado.

La única actitud ética es no olvidar y man-tener viva la memoria del pasado para poder construir el futuro y en el camino explorar los espacios comunes de la reconciliación. No podemos ni debemos de perder la ocasión de desactivar los mecanismos de discriminación y racismo que dieron origen a estos hechos y buscar fórmulas de consenso que impidan que hechos de ésta naturaleza vuelvan a suceder.

Debemos hacer un esfuerzo colectivo de renegociar nuestras memorias y consolidar los Acuerdos de Paz para que todos los ciudadanos guatemaltecos y guatemaltecas, podamos vivir en paz, consolidar la democracia y contribuir a la formación de una identidad colectiva, basada en la igualdad real, la tolerancia y el respeto a la diversidad étnico-cultural.

Genocidio: ¿La máxima expresión del racismo en Guatemala? de *Marta Elena Casaús Arzú*, número cuatro de la colección ***cuadernos del presente imperfecto*** se terminó de imprimir en el mes de febrero de 2008. F&G Editores, 31 avenida "C" 5-54 zona 7, Colonia Centroamérica, 01007. Guatemala, Guatemala, C. A. Telefax: (502) 2433 2361 Tel.: (502) 5406 0909 informacion@fygeditores.com www.fygeditores.com